하늘이 그러하였을까

시산맥 기획시선 127

하늘이 그러하였을까

시산맥 기획시선 127

초판 1쇄 인쇄 | 2024년 4월 15일
초판 1쇄 발행 | 2024년 4월 22일

지은이 구정혜
펴낸이 문정영
펴낸곳 시산맥사
편집주간 김필영
편집위원 신정민 최연수
등록번호 제300-2013-12호
등록일자 2009년 4월 15일
주소 03131 서울특별시 종로구 율곡로 6길 36. 월드오피스텔 1102호
전화 02-764-8722, 010-8894-8722
전자우편 poemmtss@naver.com
시산맥카페 http://cafe.daum.net/poemmtss

ISBN 979-11-6243-461-1 (03810) 종이책
ISBN 979-11-6243-462-8 (05810) 전자책

값 12,000원

* 이 책은 전부 또는 일부 내용을 재사용하려면 반드시 저작권자와 시산맥사의 동의를 받아야 합니다.
* 이 책은 교보문고와 연계하여 전자북으로 발간되었습니다.
* 본문 페이지에서 한 연이 첫 번째 행에서 시작될 때에는 〈 표기를 합니다.
* 저자의 의도에 따라 작품의 보조 동사와 합성 명사는 띄어쓰기가 달라질 수 있습니다.

하늘이 그러하였을까

구정혜 유고시집

| 발문 |

　구정혜 시인과 나와의 인연은 각별하다. 오래전 부천대학 재학 때부터 복사골문학회 그리고 이웃사촌으로 함께 했던 세월이 하 얼마던가. 내 어쭙잖은 문학 연구는 구 시인의 손길에 닿아야만 시작되었고, 또 종결되었다. 한편 "요즈음은 뭘 연구하세요?" 하고 관심사를 채근했던 다시없는 조력자였다.
　구 시인이 타계하면서 내 연구활동 또한 조종弔鐘을 울리게 되었으니 얼마나 통탄할 일인가. 오늘 구 시인의 유고 시집 초고를 검토하면서, '누에는 막 잠을 자고 나면' '다 저녁에'를 고작 '누에는 막잠을 자고 나면' '다저녁때'로 교열하는 일 따위로 고인을 마지막 가는 길에 보답할 수밖에 없음에 가슴이 미어지듯 아프다.

　이 유고시집은 생전 은사이었던 박수호 선생이 구 시인의 usb에 저장되어 있던 작품과 습작노트에 남아 있던 자료들을 곡진히 탐색하여 유골을 수습하듯 55편의 빛나는 유작을 찾아내어 엮게 되었다. 그냥 지나쳤으면 하마 사장死藏될 뻔했던 옥고玉稿가 박수호 선생의 덕택으로 세상의 밝은 빛을 보게 되었음을 매우 기쁘게 생각한다.

이로써 구 시인은 『말하지 않아도』, 『아무 일 없는 날』, 『하늘이 그러하였을까』 총 세 권의 詩集을 통해 한 생을 증거한 존엄한 시인으로 청사靑史에 기록될 것이다.

이 같은 예쁜 책이 만들어지기까지 꼼꼼히 교정을 보아준 안금자 선생, 해설을 써준 홍영수 선생, 특히 이 유고시집을 위해 물심양면으로 도와준 장정규님과 유족 여러분께도 심심한 감사를 드린다. 거듭 구정혜 시인의 명복을 빌며 저세상에서는 제발 아프지 말고 내내 행복하기를 축원한다.

2024. 4.
민충환

■ 차 례

1부

순례	19
일손을 놓고	20
봄을 읽다	22
말씀 1	23
말씀 2	24
말씀 3	25
말씀 4	26
삶	27
봄비 내린 후	28
늦가을 풍경	30
겨울 산 2	32
간절	33
카톡 카톡	34
어떤 질문	35

2부

여여 如如	39
직지 直指	40
사는 법	42
여행 2	44
새벽강	46
줄탁 啐啄	47
마음 비우는 날	48
잔나비 걸상	50
한뉘	51
대목수 이야기	52
수술	54
상징	55
일하는 재미	56
꽃, 손을 내밀다	57

3부

숲	61
시밥을 찾아서	62
촉觸 1	64
촉觸 2	66
구멍	67
얼음과자	68
꽃의 상처	69
봄꽃 필 때	70
떠날 때는 말없이	71
연사흘 봄비	72
산 위에서	74
슬픔 안에서	76
눈 온 아침에	77

4부

세월호	81
김천역에 내리면	82
강화 바다	84
귀로 보다	86
그녀	88
나무 2	90
꽃 2	92
나팔꽃 지다	93
달걸음月步	94
달걸음月步 2	96
언제 일 다 한다니	97
마음이 있기에	98
연꽃	100
이쁜 도둑	101

■ 해설 | 홍영수(시인·문학평론가)　103

1부

순례

전봇대를 지탱하는
철삿줄을 넝쿨손이 붙잡고
올라가고 있다

맨손으로
삼보일배한다

아무도 보아주는 이 없는
산마을 한적한 곳에서
쉬지 않고 정진한다

차디찬 쇠줄 길에
온몸을 던지며
이마가 닿도록 절을 한다

보이지 않는 경지를 향해
간절함에 간절함을 더하는
여린 줄기의 소망

일손을 놓고

남편은 온종일 집에서 텔레비전만 본다
매 끼니마다 열무김치를 내놓는다

출근할 때만 해도 고기가 없으면
'내가 염소인가 풀만 먹게' 하던
농담도 이젠,
채소를 먹어야 몸에 좋다고 –
시선은 초점 없이 아래로 두고
묻지도 않은 혼잣말을 한다

누에는 뽕잎을 갉아 먹고 푸른 똥을 싼다
한 잠 두 잠 석 잠을 자고서도
푸른 똥을 누면서 몸을 부풀린다
막잠을 자고 나면 푸른 똥 대신 입으로 실을 뽑아
땅콩 모양의 하얀 집을 짓는다
'고치'라는 문패를 내건다

밥을 먹다가도 눈은 베란다 푸른 화초를 가꾼다
입으로 뽑아내지 못한 실이 몸속에 가득 찬 남편은

슬며시 화장실로 들어간다

아마, 까만 똥을 푸지게 쏟아 놓을 것이다

봄을 읽다

뜰 안에 목련 한 그루
손을 모아 기도하듯
정신을 가다듬고 있다

허공에 쓸 첫 문장 생각하는지
아니면 간절하게 정신을 집중하는지
겨우내 찬바람 쐬더니
엊그제 내린 비에 목욕까지 하고서
그 자리에 서 있다

지난봄,
썼던 글이 마음에 들지 않았는지
그동안 구겨버린 종이가
여기저기 담장 밖까지 마구 흩어졌다
몇 년을 퇴고하고도 여태껏 시어를 찾는 목련

입춘이라 쓸까
대길이라 쓸까
고민하는 나무를 보고
사람들은 '봄'이라 읽는다

말씀 1

불경이나 성경을
읽지 못하셨지만
한결같이 들려주신 어머니의 말씀

조금 손해 보고 살아라
너무 따지지 말고,
누가 오거던 물이라도 먹여서 보내거라
빈 입으로 보내지 말고,

그 말씀대로 살다 보니
그것이 나에게 덕이 되었다

사회에 큰돈 내놓지 않아도
부처님 빙그레 웃으신다
내 마음이 편안하다

말씀 2

예수나 부처를
만나본 적 없지만 가끔씩
넌지시 하시던 아버지의 말씀

우야든동 시부모에게 잘하거라
형제간에 우애 있게 지내거라
너 하나 참으면
주변이 편안하다

공부는 끝이 없다
평생 해도 다 못하는 것이니
평생 공부하거라

냄새 안 나는 뒷간 없듯이
사람 사는 일 집집마다
들여다보면 거기서 거기

그 말씀 따라 여지껏
살아보니
내 삶에 약이 되었다

말씀 3

들을 때는 소소하고
잔소리 같은 부모님 말씀은

남을 존중하고
참고 견디며
먼저 배려하고
나누고 베풀라는 뜻이라

조금씩 실천하며 살았더니
남을 위하는 일이 아니라
곧 나를 위한 말이란 것을
지금에 와서야 깨달았다

어느 성인의 사랑하란 말보다
거창하게 내세우는 무슨 철학보다
내 마음엔 오래도록 남는다

말씀 4

등단하는 일이나
책을 펴내는 것보다
먼저 해야 하는 일이
내공을 쌓는 일이라고
생각했던 나

사십 년 만에 겨우
늙다리 시집 한 권 냈다

"시가 좋아요"
"시가 읽히는데요"
"시는 이렇게 쓰는 거거던요"
"자랑스러워요"
"기대 이상이에요"
"울컥, 눈물이 났어요"

이보다 더 와닿는 한마디
"이거, 내 이야기잖아"

삶

산책을 하다가
뒤를 돌아보았다
처음이 보이지 않는다

앞으로 갈 길을 바라보니
이 또한
그 끝이 보이질 않는다

그냥 걷는다
.
.
.
혼자

봄비 내린 후

나무 아래
다비식의 재처럼 잎들이 떨어져 있다
죽어서도 자식은 보듬어야 한다는 듯이
서로가 서로를 껴안고 있다

지난가을
흔들던 손은 헤어짐을 말하는 것이었을까

한 해를 살고 나서
자신을 돌아보는 시간

잎 진 자리 상처가 아물 동안
신열을 앓으면서도
나무는 자세 하나 잃지 않는다

눈이 왕진을 오고
바람이 간호하는 동안
침묵으로 견뎌오더니

동안거 끝낸, 2월

습골이라도 하였는지
봄비가 가지마다
사리를 내걸었다

늦가을 풍경

웅크린 사람들이 서 있는
도시의 어느 정류장
버스가 멈췄다가 다시 달리는
그 꽁무니에

가로수가 내려놓은
물기도 핏기도 잦아든 잎들
버석이는 가슴들 맞대고 모여 앉았다가
화들짝 놀라며 일제히 일어서서
위험한 줄도 모르고 따라나선다

낙엽들이 걷는다 아니
버스의 속력 맞춰 빠르게 내달린다

사람의 정만큼 그리운 것은 없다고
버스를 무작정 무리 지어 따라나선다.

헐떡이며 달리다가
결국, 아스팔트 바닥에 드러눕고 만다
어디쯤에 와 있는지

生이 얼마나 남은 줄도 모르면서

우린 어디쯤 가고 있을까
다시금 가슴이 촉촉해지길
도로 위에 누워 푸르른 날을 꿈꾸어 본다

겨울 산 2

나무들이
모두 선방에 들었다
누가 정신을 놓고
졸고 있나 보다

탁, 탁, 타닥!
간간이 죽비소리
골짜기를 깨운다

간절

연꽃
그냥 피지는 않는다
봉오리를 보라
얼마나 지순한 마음을 품고 있는지

세상일 허투루 해서
무엇을 이루겠는가
어찌 저절로
잎 나고 꽃 피고 열매 맺겠는가

두 손 합장한 듯
드리는 몰입의 기도
꽃, 잎 하나하나가
가볍지도 무겁지도 않고
그저 염화시중 같은 자태로
공손히 하늘을 받치고 있다
온몸으로 받들고 있다

카톡 카톡

담장 울타리에
소나무와 은행나무 나란히
살고 있다

오래 곁에 있다 보니 정이 든 걸까

까칠했던 소나무가 마음을 열었는지
은행나무 계속 쪽지를 보낸다

카톡
카톡
카톡

미처 열어보지 못한
내 폰 카톡 앱에도 숫자가 쌓인다
은행잎 쪽지가 솔잎 사이사이에
박힌다

그 사연이 궁금하다

어떤 질문

보이는 곳에 피는 꽃과
보이지 않은 곳에 홀로 피는 이유는

영혼 없이 가볍게 피는 꽃과
숭고하게 한 송이 피는 이유는

꽃잎 어지러이 날리며 지는 것과
발끝에 조용히 내려놓듯 지는 이유는

열매를 맺는 것과
열매를 남기지 않는 이유는

산다는 것은
제각각 다른 이유를 가지고 있다

머츰하게
던져보는 물음 속에

2부

여여 如如

산길을
한 시간쯤 걷다 보니
나무 의자 하나

별생각 없이 그냥 누웠다
걷는 동안 따라오던 잡다한
생각들 온데간데없다

허공과 하나 되어 누운 몸에
하늘과 나무와 숲이
모두 들어온다

내가 있는데 내가 없고
만물이 가득한데
만물이 없는 듯
세상과 내가 둘이 아닌
알 수 없는 그 말의 경계를 헤맨다

오래전 와불이 누워서 바라본
하늘이 이러하였을까
생각에 생각을 포개고 있다

직지 直指
-자기를 바로 보며

눈 녹으니, 산이
등뼈를 오롯이 드러낸다

뜨거운 쇳물로 활자를 꽃피운
흥덕사 선승의 지혜가 세상을 맑힌다
꽃은 때가 되면 지는데
쇠꽃은 시들지 않는다

말씀마다 화인이 새겨진 적멸의 기도가
천년의 시간이 켜켜이 쌓이고 나서야
묵언해야 하는 뜻을 겨자씨만큼 알겠다
절도 내 안에 있고
부처도 내 안에 있음을!

아무리 숨기고 감추어도
주머니 속 송곳은 드러나듯이
비록 멀리 있어도 보이나니
우리가 불이한데
어느 곳에 처해 있어도 마음자리는
이곳이다

〈
구름이 두꺼우나 바람이 씻어내고
비가 내리나 곧 맑은 날이 오리니
홀로 방 안에 앉아 빗소리 들으며
봄을 기다리듯
참나를 만날 그날을 그리네

사는 법

무슨 정보를 입수했는지
잎새들 수렁수렁 부산하다

멀쩡하던 하늘에 먹구름 떼거리
비상사태다, 소나기 쫙쫙 퍼붓는다

무방비 상태에서 폭우를 온몸으로 맞는 풀과 꽃들
작살날 것 같다

좀 전까지 꼿꼿하게 서 있었는데
약속한 듯 땅바닥에 바싹 엎드렸다

살다 보면 누구에게나 예고 없이 찾아와
뒤통수치는 고난처럼
몇 차례 소나기가 반복되고, 웃날들자

풀도 꽃도 아무 일 없다는 듯이
묻은 흙 툭툭 털 듯
몸을 일으킨다
〈

살아가기 위해서는 이런저런 이유로
더욱 몸을 낮춰야 하는 것

비 그친 하늘
무지 맑다

여행 2
-요양병원

산기슭에 크루즈 한 척
세상에서 떠밀려 온
많은 섬들을 싣고 있다

1인실에 하나
3인실에 셋
다인실에 여러 개의 섬

한때는 푸른 바다 마음껏 누볐던 이들
층마다 칸마다 섬으로 남겨져 있다

여태까지의 버거웠던 삶을 내려놓고
가장 가벼워진 몸짓으로
제각각 부화를 준비한다

어둠이 배를 들어 올리려 주변을 에워싸자
급기야 스크루 소리를 내며 스팀이 들어오고
닻을 올리듯 커튼을 슬몃 젖힌다

달이 떠간다

아주 천천히

목적지는 같은데
나침반을 잃은 선장은 어디로 가야 할지 몰라
계속 정박 중이다

새벽강
-물의 울음

밤새 뒤척인 사람은 안다
덕천강이 울고 있다는 것을

낮에는 태연한 척 흐르다가
어둠이 깊을수록 소리 내며 흐느끼는
강물

한 생을 살아오면서
은모랫길은 얼마나 될까
이리저리 부대끼며 흐르는 동안
몸이 아픈 걸까
마음이 아픈 걸까

드러내지 못하는 속사정 무엇이기에
밤에만 고통스러워하는가

새벽녘 잠 못 이루고
뒤척이는 사람은 듣는다
강물이 흐느끼는 소리를!

줄탁 啐啄

헛간 같은 계절을
햇살이
어미 품속처럼 보듬는다

얼마나 힘들었으면
영혼이 나간 듯
매가리가 없는 봄꽃들아

거친 껍질 쪼아
비집고 나오느라
혼신을 다했구나

갓 부화하여 마당 가득
우르르 쏟아져 나오는
병아리 떼처럼

오종종 오종종

어쩐지 봄꽃에서
병아리 소리가 난다

마음 비우는 날

눈이 내린다
폭폭폭 내린다
기세 좋던 나무들도 잔뜩 짐을 지고
힘겨워한다

저 미련
저 그리움
저 미움 부스러기

얼마나 못 잊었으면
얼마나 그리웠으면
얼마나 애태웠으면

하얗게
하얗게
하얗게
무덕무덕 쌓였을까

눈 오는 날은
神들이 마음을 비우는 날

하나님이 왜 착한 일만 하는지
이제야 알겠다

잔나비 걸상

 건강을 챙겨보겠다고 집을 떠나와 있는 내가 머무는 근처에 사는 경삼이 친구, 작은 사업체의 사장이라고는 전혀 티도 안 나는 전형적인 농사꾼의 차림새다 형님들은 글 가르쳐서 도시로 내보내고 그래도 고향은 지켜야 한다고 몇 마지기 농사는 지어야 한다고 부모님은 막내아들인 경삼이를 땅에 눌러 앉혔다 장가들고 농사를 지어도 소득이 없어 굶어 죽기 십상인지라 빈손으로 도시로 와서 모진 고생한, 천성이 부지런한 친구, 공부는 언감생심이고 옷감 짜는 공장에서 일을 배워 차츰 돈을 모았다 펜대 굴리는 놈들보다 잘살아 보겠다고 모질게 마음먹고 사는 친구, 살아가면서 최선을 다하면 된다고 나중에 후회할 일은 하지 말아야겠다고 깊은 산에 가서 산더덕, 도라지도 캐오고 멀리까지 가서 자연산 잔나비 걸상 버섯까지 구해온다 그것을 구해와 내게 내밀며 하는 말
 빨리 건강을 회복해야 한다

 책상머리 앉아서 편하게 돈벌이하고
 걸상에 앉아서 공부 못 한 게 가슴에 맺혔을 친구

 버섯의 약효보다 진하게 우러나오는 친구의 마음
 뜨거웠다

한뉘

별거 없다, 한평생이여

살아있는 동안 내내
질기고 질긴 명주실 같아도
아는가
알고 보면 코와 입 앞에 죽음이 바싹 다가와
호시탐탐 기회를 노리고 있다

그런 줄도 모르고
80년 후에 저 끄트머리
90년 후 아득한 곳에
그곳까지 다다르리라
나는 늘 착각하네

하나의 몸으로 살다가
한 줌의 허망 남길 뿐

대목수 이야기

요양치료를 한다고
공기 좋은 곳을 찾아온 축령산 줄기
능선을 사이에 두고 뒤쪽은 가평

대목수 이야기

뭔가 의미가 있을 것 같아
가던 길을 되돌아 찾아들었다
천변에 한옥, 찻집이다

3代가 대대로 목수인 집안
4世孫 대학생 딸이 윗대의 직업을 자랑스레 내건 간판이다

들어서면 커피향보다
편백나무향이 가득한 집
난로에 고구마를 먼저 구워주는 집

조부 때부터 손때 묻은 대패와 공구가
박물관처럼 나열되어 있는
가평 3대 목수 匠人

목수지만 기능뿐만 아니라 예술혼을 위해
흐린 정신으로는 목수 일을 하면 안 된다며
술은 금기시한다는

이야기가 전해져 내려오는
가평 3대 장인
한옥의 大家 이야기

수술

  약지에 팥알만 한 혹이 생겨 수술을 받았다 거즈 접어서 상처를 덮고 반창고를 붙인다 그 위에 살색 테이핑 붕대를 감는다 상처가 2센티미터에 불과한데 겹겹으로 덧대고 또 처맨다 아픈 손가락뿐만 아니라 새끼손가락까지 감더니 아예 손바닥 아랫부분에 석고를 대고 엄지만 남겨놓고 붕대로 감아 모두 싸맸다 누가 봐도 팔목 부러진 중환자다 살아오면서 이처럼 작은 일을 크게 만들지는 않았는지 혹은, 소홀히 생각하여 데면데면하지는 않았는지 하는 생각이 상처의 통증처럼 나를 놓아주지 않았다

상징

명태는
몸의 상태에 따라
이름이 오십여 개이고

돈은
종이의 색과 숫자에 따라
그 가치가 다르다

나의 호칭은
만나는 사람에 따라 다르다
명태보다 곱절은 더 된다

일하는 재미

주말 농사 삼 년 동안
비 온 후면 고추가 탄저병에 시들시들
햇볕 쨍한 날에는 모종한 것들이
기운을 잃는다
그러다가 물조리개로 흠뻑 물을 주면
언제 그랬냐는 표정으로
삐쳤던 아이 헤헤거리듯 나를 반긴다

농약 안 뿌렸더니 옆 밭에서 건너온
진딧물로 지난해 김장 배추를 몽땅
버렸다

우리 삶도 어느 순간 한 번의 실수가
좌절하기도 하고
작은 기쁨 하나가 활력을 솟아나게도 한다

수확보다도 일하는 재미는
도저히 말로는 설명이 안 된다
달팽이, 지렁이, 굼벵이가 가끔씩은 나를 놀래키지만
그들이 있기에 내 영혼의 밭도 날로 풍성해진다

꽃, 손을 내밀다

봄이 포근한 이유는
꽃들이 먼저 손을 내밀어
허공과 손잡기 때문이다

여름이 뜨거운 이유는
나무들이 잎손 내밀어
바람과 손잡기 때문이다

세상이 따뜻한 이유는
사람들이 서로 손과 손을
마주 잡기 때문이다

겨울이 추운 이유는
아무도 먼저 손을 내밀지
않기 때문이다

꽃을 자세히 보면
손 아닌 꽃이 없다

3부

숲

단풍나무 아래
단풍잎
은행나무 아래
은행잎,
같은 잎끼리
모여 산다

잡목 숲엔
여러 가지 나무들
더불어 산다

시밥을 찾아서

언어는 밥이다
자연이 도처에 키우는 것은
비단 생물이나 무생물뿐만은 아니다
그것들을 통해 언어를 가꾸고 있는 것이다

그 언어를 수확하는 것이 시인이다
어느 것이 시어로 적당한 알곡인지
가려내야 하는데
아직도 나는 맹인에 가깝다

언어란 먹지 않아도 배부르다는 것을
남들이 쓴 시를 읽으며
우리말 사전을 뒤적이며
쓰다 버린 한 줄 글을 음미하며
깨달아 가고 있다

허기진 영혼을 달래며
오늘도 밥을 찾아 걸인처럼
동냥하러 기웃거리는
언어의 골목으로 나선다

〈
생일날 고봉 쌀밥을 먹듯이
시밥으로 영혼을 채울 때까지
끝없는 방랑은 계속될 것이다

촉觸 1

밤늦은 시각에 전화벨이 울리면
남편은 자동장치 버튼을 누른 것처럼
벌떡, 상체를 일으켰다

산골에 홀로 사시는 어머님에게 무슨
변고라도 생긴 것은 아닐까
항상 보이지 않는 신경은 그곳으로 쏠려있어
잠잘 때도 전화기 쪽으로 무엇을 감지하려는 듯
달팽이 더듬이 같은 귀를 열어둔다

잘못 걸려 온 전화 소리
깊게 숨을 들이쉬었다가
오래 내뱉으며
"어떤 작자야"

지붕 위 높이 세웠던 안테나처럼
한껏 길었던 촉이 점점 제자리로 잦아들면
그 촉이 닿기라도 한 듯
어머님도 아들이 궁금하셨나 보다
잠든 남편 얼굴에서 슬몃 보인다

〈
나의 촉은 언제나 아래로 두 갈래 뻗쳤다
이전에는 잘 보이지 않는 것들이
요즈음은 어디쯤에 와 닿는다
잇몸이 가려운 아기처럼
내 몸에도 사방을 감지하는 촉이 돋으려나
잠은 안 오고 마음이 간질거린다

촉觸 2

이 년 전만 해도
전화 통화가 가능했는데
이젠 귀를 닫아버린 아버지

정신줄도 서서히 놓을는지
금세는 사람을 분간 못 한다

아흔 해 동안 살아온 곳을
떠나려 하지 않는 완고함은
어찌하여 잊지 않고 붙들고 있는 걸까

전화로는 도저히 들을 수도 없는
아버지의 목소리지만
밤마다 전화기를 손 가까이에 두고
그곳으로 길게 더듬이 같은 촉수를 뻗는다
혹시라도
올지 모르는 그 무엇을 감지하기 위하여

내 귀는 밤마다 길어진다

구멍

썰물이 나간 사이
갯벌에 크고 작은 구멍들이 있다

작은 게 한 마리
찰진흙 온몸에 뒤집어쓰고
구멍 속으로 들어간다

산다는 것은 구멍을 내는 일
구멍이 있어야 산다
구멍만큼이 자기 세상이다

남들에게 책잡히지 않으려고
완벽을 노력했지만
내 마음 뒤집어 보면 곳곳에 구멍투성이다
그곳으로 바람도 들어오고
햇볕도 파고들고
친구도 왔다 가고
더러는 달도 제짝인 듯 넌지시 맞춰보는

얼음과자

소풍 가던 날
아이스께끼 두 개를 샀다

짝꿍 하나 주고
나 하나 먹을 생각이다

반 친구들과 노래하며
신나게 걸어 넓은 들 지나
산 둔덕에 도착했다

도시락을 열어보니
막대기 두 개가 나란히
누워 있다

꽃의 상처

꽃 피었다고 바람 불지 않는가
꽃 피었다고 비 오지 않는가
꽃 피었다고 덥기만 하겠는가
꽃 피었다고 춥지 않겠는가

상처를 안고서도 꽃은 피고
이틀을 못사는 하루살이도
하루는 열심히 산다
우리 인생살이 비 오고 바람 불어
힘든 날 많지만
부족하고 고통스러워도 살아내야 하는
이것이 삶 아니겠는가

상처 많은 삶이 지나면
꽃으로 다시 핀다

봄꽃 필 때

밥이라도 배불리 먹었으면 좋겠다 싶은
오래비 얼굴에 허옇게
허옇게 버짐처럼 피는

어머니는 옥양목 앞치마로
허기를 두르고 사셨다

벚꽃, 살구꽃, 조팝꽃,
"저 꽃숭어리들이 밥이라면 얼매나 좋겠나"
보리쌀 한 버지기에 쌀 한 줌 얹어 밥을 짓는다
가마솥이 대신 눈물 질금질금거리던
유년의 봄날

아래윗니 다 빠진 할머닌
합죽한 빈 입을 연신 오물오물거리신다
무엇을 먹고 있는 것만 같아 나는
두꺼비처럼 두 눈을 껌벅이며
다랑이논처럼 주름 잡힌 할머니 입을
오래도록 쳐다보았다

떠날 때는 말없이

비가 온다
계절마다 온다
한순간 소나기로 쏟아지다
며칠씩 장맛비로 몰려온다

여행지 숙소 예약하듯
미리 예보하고 온다

차분하게 혹은 부산하게
가끔은 바람을 타고 요란스럽게도 온다

기다림 끝에 반갑게 온다
때론 불청객처럼
귀찮아하는 줄도 모르고 온다

와서는 휴가 즐기듯 하다
간다는 말은 없다

연사흘 봄비

꽃 진 자리
채 아물지도 않았는데
어쩌자고 넌 이리도 보채느냐

토요일 밤부터 월요일 아침까지
지붕을 두드리고
유리창에 매달리고
급기야 창문까지 흔들어대니
참으로 고집이 세다

밤낮 꽃잎처럼 활짝
마음 열고 너를 사랑했지만
이제는 다시 받아들일 수 없기에
안으로 안으로 슬픔을 가득 채운다

며칠 후에 다시 올 거라고 너는
말했지만
빗장을 더욱 단단히 걸어야 하는 나는
아직 상처가 아물지 않은 탓이리라
〈

알고 보면
내가 널 더 많이, 많이 사랑했다

산 위에서

불안과 열등의식을 배낭에다 꾹꾹 눌러 넣고
산을 오른다

봄 산에서 내려다보니
나무는 나무대로 파랗게 뭉실뭉실
벚나무는 군데군데 하얗게 봉싯봉싯
진달래는 산비알에 발그레 몽올몽올
산이 구름을 키운다.
천연색 구름덩어리 산 위로 올라온다
바람이 이들의 걸음을 재촉한다
양 떼처럼 무리 지어 올라온다
버글버글 거품처럼 뭉쳐 있다
이런 준비를 하느라 겨우내 잠잠했었나 보다
겨울이 벌인 이벤트에서 주인공이 되어
천지를 잇는 무대 정상 가운데 서 있다
멀리 보이는 능선들이 관객처럼 모여 앉아 있다

가져간 불안과 열등의식을 버렸다

배낭이 가볍다

슬픔 안에서

버스에 올라 자리에 앉는다
한때나마 따뜻했던 그의 가슴속 같아서
나름 편하게 자세를 취해본다

멀거니 바깥 풍경을 바라보다가
창틀에 팔꿈치를 대고 턱을 괸다

좀체로 울지 않을 것 같던 그이가
양어깨 크게 흔들리더니, 덜커덩
소리 내어 운다

싸늘한 뺨 같은 유리창에
주체 못 할 눈물이 마구잡이로 흘러내린다

가장 작은 몸집으로 웅크리고 있는 내가
너에게 그렇게도 큰 상처였는지
적막만을 가득 싣고 빗속을 달리는 버스
힘겨워한다.

눈 온 아침에

무명 시인이 밤새 고민하고
고민하다 몸통 하나 남기고
아홉 줄 곁가지를 버리느라
배꽃 같은 언어들 폴폴폴폴
눈발로 날린다.

아침 햇살이
돋보기 치켜올리며
읽는다 미완성의 시를

4부

세월호

노란색만 보아도
덜컹, 가슴부터 무너진다
산수유
개나리
민들레

지난봄 사월 열엿새 날의
그 기억이
자지러지게 떠오른다

비 내리지 않고
태풍도 불지 않은 날에
꽃봉오리들이 한꺼번에 왕창 져 내리는
몸서리치는 풍경을
보고 난 이후

김천역에 내리면

고향집 마당에 들어서듯
역광장의 소나무
와락, 반갑다

온갖 남새와 고추포대 이고
여남재를 걸어서
김천장 보시던 어머니

국화빵 하나 입에 넣지 않으면
자식 손에 학비 쥐여주고
한 정거장 차비 아끼면
손자 사탕 하나 사 준다며
길바닥에서 수건 둘러쓰고
기도하듯 웅크리고 있다

살풋 졸음에 멀리서 기차 타고
올 자식 생각에 마음은 벌써 김천역에 가 있다
저리고 시린 삶 고스란히 안고
나는 괜찮다, 네가 걱정이다던
〈

늦가을의 광장 소나무
조용히 솔가지 내려놓고
매무새 단정히 서 있다
지나가던 바람이 그렁그렁 눈물을
소나무 가지마다 걸어두었다

강화 바다

동검도 예술극장 앞
아낙들 넷, 국화차를 마신다

물이 나간 바다는 폐허 된 논밭 같다
뻘 위에 작은 게들, 엄마를 기다리는 아이처럼
기죽은 듯 엎드려 해바라기하고 있다

무슨 할 말이 그리 많은지
찻물은 노오랗게 짙어지고
바람이 훼방을 놓아도 늘 발목이 잡혀있는 억새는
젖은 몸을 가누며 붓끝으로
연신 짭조롬한 사연을 적는다

예술극장 유 감독이 연주하는
'가을엔 편지를 하겠어요' 피아노 음색이
가을 속으로 듣는다

집 나왔던 어미도 가족들의 마음을
켜켜이 담는 시간
바다가 사연을 읽느라 자춤자춤 걸어온다

얼마나 의미심장한 내용인지 읽는 족족 밑줄이다

하늘에 새 떼,
>자 행렬로 떠나온 곳으로 날아간다
여자 넷, 보도시 자리를 턴다

귀로 보다
-움

계절은
동지 때부터 귀를 연다
나무는 매디마다 귀를 틔우고
마른풀들도 잎 속에다 귀를 세운다

어머니 초상 치는 날
밤늦도록 통곡하는 내 목에서는
쉭쉭 쉰 소리가 나고, 보다 못한
창태 아저씨가 代哭을 한다
"이 할마이, 죽도 나눠 먹던 정 많은 할마이가
원통해서 어쩌나
원통해서 우짤꼬"

움집 같은 관 뚜껑이 닫혀도 귀는 가장 늦게까지 열어둔다고
그래서 딸이 울어야 한다고
죽은 자 앞에서 함부로 말하지 말라더니
죽어서도 감지할 무엇이 있었나 보다

죽은 몸으로 감지한 힘으로
움을 틔우는 것이다

그래서 움과 움은 하나이다

봄은
눈으로 보는 것이 아니라
귀를 한꺼번에 열어 보이는 것이다

그녀

그녀는 죽었다

가난을 가난이라 하지 않고
자식 많아 부자라 하던 그녀

헌 옷과 헌 신발 차지하고서도
힘들 때마다 노래 한 가락으로
자신을 다독이던 그녀

하루 밭일 이만 원 품삯 받아
이천육백만 원 모아서 겨우
사백삼십만 원 병원비로 쓰고 간 그녀

물 한 잔도 남 먼저 주라 하고
배고파도 나눠 먹으라 하던 그녀

자신의 장례식에 쓸 박바가지까지
구해놓고, 남은 자의 액운 물리칠
걱정까지 하던 그녀
〈

결코 닮고 싶지 않았지만
거머리보다 질겨서
죽어서도 내 모습 안에 사는,

무심코 본 거울 속에
마치 그녀가 서 있는 것 같은
또 다른 그녀,

나무 2

숲을 보라
공간이 좁으면 좁은 대로 웃자라는 한이 있어도
나무는 절대 남의 가지 사이로
가지를 뻗지 않는다

나무는 어떤 위치라도 불평하지 않는다
서로가 서로에게 피해를 주지 않고서도
한 생을 살아낸다

나무는 무턱대고 열매를 맺지 않는다
필요한 만큼 씨앗을 매단다
나무는 저 스스로 상처를 치유하고
잎과 몸을 내어준다

아무리 썩은 나뭇가지 하나라도
하다못해 부지깽이로도 쓰인다
결국 등신불처럼 모든 것을 내어주지만
바라는 것은 없다

숲속에 서 보라

나무는 나무끼리 서로를 안다
말하지 않아도 안다
말하지 않아도 소통하는 법을
나무에게 배워야 한다
나무같이 오랜 시간 묵상해야 한다

꽃 2

내가 꽃으로 피는 이유는
말로 다 할 수 없습니다

짓밟힌 몸뚱어리 보일 수 없어
진달래 붉게 핍니다

짓밟힌 영혼 아물지 않아
매화처럼 갈래갈래 핍니다

짓밟힌 마음 다 드러낼 수 없어
입술 꽉 물어 보랏빛 꽃입니다

혼자서 한 생을 짊어지고 가기엔
참으로 버거워서
없는 듯 피었다가 열매 없이 지는

열흘도 못 버티고 눈을 감고 마는
위안부 소녀야

나팔꽃 지다

꽃은 식물의 자궁이라는
말을 누군가에게 들었다

한 점 흐트러지지 않으려는
오후의 나팔꽃
세상에 나오려고 안간힘을 쓰는
아가의 손처럼 꽉 오므리고 있다

낮시간 동안
우주를 옹골차게 움켜잡은 힘으로
만출력을 다해 분만을 준비하고 있다
머지않아 까만 머리가 나올 것이다

다저녁때 산고를 치르고 있다
아프지 않고 피는 꽃은 없다
아프지 않고 지는 꽃도 없다
사람도 그렇다

달걸음 月步

산을 넘고 계곡을 지나
자갈밭을 걸어도
소리 내지 않을 수 있는
그 걸음 닮고 싶다

사는 일이 어디 좋은 일뿐이랴

힘들고 어려운 일
아프고 괴로운 일
차마 말 못 할 일 많지만
모든 것 삭이고 견뎌내며
너처럼 환하게 웃고 싶다

누구에게 기대지도 않고
아무도 보아주지 않아도
스스로 비워내고 비워서
바다를 건너면서도 찌푸리지 않는
그 심성 닮고 싶다

때로는 야윌 대로 야위어서 거죽만 남아도

때로는 전신이 부어올라 가누기 힘들어도
전혀 내색 않고 오로지
자신의 길을 묵묵히 걷는 달
그 걸음 닮고 싶다

달걸음月步 2

자식 빨리 깨우쳐야 하고
남보다 먼저 승진해야 하고
너보다 많이 돈 벌어야 하고

멋진 집, 좋은 옷 입고 싶고
결혼하지 않으면 마치 큰일이라도 나는 듯
아이들 결혼 채근하고
남편 진급 닦달하고

시부모 병수발엔 뾰루퉁해서
얼굴에는 흐린 날 연속이고

달을 닮고 싶은 내 걸음걸이

언제 일 다 한다니

자다가 오줌 마려워 깨면
뉘를 고르거나
바느질을 하거나 어김없이
엄마의 손에는 일감이 들려져 있다

"엄마, 일 좀 그만 하세요"
"죽으면 썩어질 몸인 거여"

저녁밥 먹고 하는 일이
하루의 절반 일이고
아침밥 식전에 하는 일이
한나절 일인데 몸을 놀리지 않으면
언제 농사일 다 한다니

"제발, 일찍 좀 주무세요"
"죽으면 잠만 실컷 잘 것인디
뭣 하러 많이 자, 너나 자렴"

굼적거릴 수 있을 때
일해야 헌다

마음이 있기에

산에 왜 오르는지 물으면
산이 거기 있어서가 아니라
마음이 벌써 여러 번 다녀왔기에

밥은 왜 먹느냐고 물으면
배가 고파서가 아니라
먹고 싶은 마음이 간절히 들었기에

시는 왜 쓰느냐고 물으면
쓰지 않고 배겨나질 못할 마음이
수없이 많이 들었기 때문이다

마음 간수 잘 못하면 병 없이도 아프고
마음 하나 잘 다스리면 만사 두루 편안한 것을

어느 것 하나라도 마음 없이 될 일인가

하물며 실체도 없는 것이
마음이 하는 일 알고 보면 실로
엄청나다

〈
네 마음 어디 있나?
내 마음 어디 있나?

연꽃

진흙탕에서 자라나
꽃 피웠다고 고결하지는 않을 거다

꽃과 봉오리와 잎을 보라
한결같이 하늘을 우러러
지순한 마음으로 기도하는지
온몸으로 떠받치고 있는 것을

통통 불은 종아리
뿌리까지 구멍이 숭숭하도록
일생을 오직 한 마음으로
씨앗조차도

숭고한 감동이다

이쁜 도둑

발걸음 소리 나지 않도록
이리저리 눈치 살피며
살곰살곰 걸어가고 있다

산 너머에 주전부리 있는지
매일 밤 고양이 걸음이다
내가 빤히
쳐다보고 있는 줄 짐짓 모른다

엄마가
속내를 훤히 들여다보는 줄도 모르고
곶감을 훔치러
고방으로 몰래몰래 걷던 나 같다

수세월 인류의 마음을 빼앗고도
태연한 척하는, 저 철없는 달
뽀오얀 곶감은 무지무지 달다

■□ 해설

내면의 고백과 삶의 진정성에서 피운 시혼

홍영수(시인·문학평론가)

　사람은 각자의 개성이 있다. 문학에서도 그렇다. 시에서 개성은 상상력 방식이나 표현기법, 문체의 표현형식, 어조나 어투 등을 통해 드러난다고 할 수 있다. 그것은 시인이 말하고자 하는 바를 자기만의 개성을 통해 전달함으로써 깊은 인상을 남길 수 있기 때문이다. 시인은 의미 없는 언어에 자기만의 색깔과 특출한 개성으로 생명력을 불어넣기 위해 노력한다. 생전에 두 권의 시집 『아무 일 없는 날』과 『말하지 않아도』을 출간했던 구정혜 시인의 유고 시집 『하늘이 그러하였을까』의 원고를 읽었다.

　시인은 숙고한 시어를 통해서 감성을 고르고 소재에 상념을 통한 자신의 삶을 구상화한다. 너무 수사적 기교에 치우치면 시의 진정성이 미진해지고 문학적 여운이 사라진다. 좋은 시는 조화의 시편들이 모양을 갖출 때 나름 시의 격을 높일 수 있다고 할 때, 구 시인의 시가 그렇다. 투병 중, 무의식적으로 돌아올 수 없는 길을 향해 걸어가는 시간의 발자국 소리를 들었을 시편들이 가슴 아린다.

    산길을
    한 시간쯤 걷다 보니
    나무 의자 하나

    별생각 없이 그냥 누웠다.
    걷는 동안 따라오던 잡다한
    생각들 온데간데없다

    허공과 하나 되어 누운 몸에
    하늘과 나무와 숲이
    모두 들어온다

    내가 있는데 내가 없고
    만물이 가득한데

만물이 없는 듯

세상과 내가 둘이 아닌

알 수 없는 그 말의 경계를 헤맨다

오래전 와불이 누워서 바라본

하늘이 이러하였을까

생각에 생각을 포개고 있다

- 「여여(如如)」 전문

 위의 시는 시제 자체가 이미 불교적이다. '여여(如如)'는 분별과 차별이 없는 그대로의 마음 상태와 속되지 않은 마음을 의미한다. 모든 형식이나 격식을 벗어나 궁극의 깨달음을 추구하는 선적 사유를 담은 시이다.

 화자는 산길을 걷다가 우연히 만난 나무 의자에 누웠다가 순간적 깨달음을 얻는다. 그것은 불교의 핵심 교리라고 할 수 있는 '제행무상(諸行無常)'이다. 3연의 "내가 있는데 내가 없고/만물이 가득한데/만물이 없는 듯"에서 알 수 있듯이 모든 것들은 순간순간 변하기 때문에 무상(無常)하다. 불변함이 없다는 것이다. 지금의 나는 1초 뒤엔 지금의 내가 아니듯, 그리고 "세상과 내가 둘이 아닌/알 수 없는 그 말의 경계를 헤맨다."에서는 '불

일불이(不一不二)'의 경지를 얘기한다.

  그러면서 마지막 연에서 "오래전 와불이 누워서 바라본/하늘이 이러하였을까",와 "절도 내 안에 있고/부처도 내 안에 있음을!"(「직지直指-자기를 바로 보며」)에서 '범아일여(梵我一如)'의 세계관을 발견하고 있다. 이처럼 화자는 자연의 일부인 숲과 허공, 나무 의자, 그리고 와불에서 심오한 불교적 세계관을 발견하면서 한 편의 시 자체를 불교의 상징적 이미지로 형상화하고 있다. 그것은 바로 시인이 '다큐 3일'에 나올 정도의 불심이 깊다는 의미이다. 참고로 「여여(如如)」는 2019년 제3회 '선시(禪詩) 공모전' 대상 작품이다.

  무언으로 침묵한 자연의 언어를 어찌 인간의 언어로 표현할 수 있을까마는 자유로운 상상력과 상징을 통해 새로운 시적 생명체를 발견한 것이 시인의 책무이다. 시「순례」를 보자.

    전봇대를 지탱하는

    철삿줄을 넝쿨손이 붙잡고

    올라가고 있다

    맨손으로

    삼보일배한다

― 「순례」 일부

　화자는 전봇대의 철삿줄을 타고 올라가는 넝쿨손에 시선을 멈추고 가만히 들여보았을 것이다. 가녀린 넝쿨손의 "맨손으로/삼보일배한다"는 생존 법칙에서 화자가 믿고 추구하는 종교적 구도의 길을 발견한 것이다. 그리고 마지막 연에서 "보이지 않는 경지를 향해/간절함에 간절함을 더하는/여린 줄기의 소망"이라 했다. 이렇듯 화자는 하나의 이미지를 그저 보고 묘사하는 것에 그치지 않고 하나의 사상을 불어넣는 철학적 사고의 행위를 하고 있다. 그렇다면 시인은 세속적이고 생물학적인 것보다는 시와 예술, 종교적 신성함을 선호하는 유일한 동물인지도 모른다.

　　사회에 큰돈 내놓지 않아도
　　부처님 빙그레 웃으신다.
　　내 마음이 편안하다.

― 「말씀 1」 일부

　'큰돈'을 공양하지 않아도 '부처님'은 웃으시고 마음은 편안하다고 했다. 불교 서적 '현우경(賢愚經)'에는 '빈자일등(貧者一燈)', 진정한 공양은 재물의 많고 적음이 아니라 정성스러운 마

음에 있다는 가르침을 떠올리게 하는 시구다

　네 편의 연작시 '말씀'을 보면 각각의 시를 의도적으로 기승전결의 형식을 갖추고 있는 것처럼 보인다. 화자는 자라오면서 "불경이나 성경을/읽지 못하셨지만/한결같이 들려주신 어머니의 말씀"(「말씀 1」), "예수나 부처를/만나본 적 없지만 가끔씩/넌지시 하시던 아버지의 말씀"(「말씀 2」)에서 어머님과 아버지 말씀을 그리고 "남을 존중하고/참고 견디며/먼저 배려하고 /나누고 베풀라는 뜻이라"(「말씀 3」) 등에서의 부모님 말씀이 화자가 살아가는 동안 편안한 마음가짐과 삶의 지향점이 되었음을 말하고 있다. 비록 부모님이 공맹(孔孟)은 읽지 않으셨더라도 자식을 위해 들려주신 말씀은 곧 선인선과(善因善果)의 진리를 깨닫게 해준다.

　또한, 시집출간 후, 독자들의 좋은 반응에 "기대 이상이예요/울컥, 눈물이 났어요"(「말씀 4」)에서 눈물은 다름 아닌, 그동안 아포리즘으로 새겨들은 부모님의 한 말씀 한 말씀이 시 짓기에 도움이 되었음에 눈물이 났을 것이다. 그리고 마지막 행인 독자의 반응인 "이거, 내 이야기잖아"(「말씀 4」)라며 시를 아퀴짓고 있다. 이 의미는 부모님의 가르침에 따른 삶의 결구이다. 그렇다. 들꽃 한 송이 피우는데 지구를 데우는 그만큼의 열기가 필요하다고 했듯이 화자의 시 한 송이 피우는데도 부모님의 경구

와 같은 뜨거운 말씀들이 함께하고 있음을 알 수 있다.

 달이 떠간다

 아주 천천히

 목적지는 같은데

 나침반을 잃은 선장은 어디로 가야 할지 몰라

 계속 정박 중이다

- 「여행 2-요양병원」 일부

 「여행 2-요양병원」의 시는 산기슭에 자리한 요양병원을 크루즈 한 척으로 이미지화해서 투병의 시간을 섬들(환자)이 여행하듯 묘사하고 있다. 이처럼 화자는 요양병원을 크루즈라는 상징적 이미지로 빗대어 새로운 미지의 세계를 설명하고 있다. 하이데거는 〈존재와 시간〉에서 "죽음을 향해 미리 달려가라"라고 말했다. 얼핏 들으면 황당한 말 같지만, 누구든 다가오는 시계의 초침 소리가 생을 째깍째깍 좀먹고 심장의 구들장 깨지는 소리의 여운을 감지해서 자기의 것으로 받아들이라는 것이다. 그래서 죽음의 가능성에서 자신만이 할 수 있는 것에 투자하라는 의미이다. 가치 있는 일에 자신을 내 던지는 것이 자기 사랑법이기 때문이다.

  '달'이 천천히 떠가는 모습을 바라보면서 "목적지는 같은데/ 나침반을 잃은 선장은 어디로 가야 할지 몰라" 한다. 산속에서 요양병원 생활을 했던 시인은 이미 시시각각 다가오는 운명의 끝에서도 "계속 정박 중이다"라면서 비록 아픔으로 인한 황혼녘의 그림자는 만장의 노을빛처럼 비창(悲愴)할지라도 자신의 가능성을 찾으며 실존하는 자아와 계속 만나고 싶어 하는 것을 알 수 있다. 혹시 스티브 잡스의 "시간은 한정되어 있습니다. 그러니 다른 사람의 삶을 살며 낭비하지 마시오" 이 말을 떠올렸을지도 모른다. 파울 첼란은 "반복될 수 없는 시간이 만들어낸 존재의 경사각 아래에서 시가 만들어진다." 했다. 화자는 그러한 시간의 경사각에서 갑자기 다가온 크루즈에 탄 하나의 섬이 되어 삶의 허무가 산기슭으로 스며드는 것을 읊조리고 있다.

    수확보다도 일하는 재미는

    도저히 말로는 설명이 안 된다

    달팽이, 지렁이, 굼벵이가 가끔씩은 나를 놀래키지만

    그들이 있기에 내 영혼의 밭도 날로 풍성해진다.

                                  -「일하는 재미」 일부

장석주 시인 시 "대추 한 알"을 보면 태풍, 천둥, 무서리, 벼락 등, 고난을 겪은 뒤에 대추 한 알이 익는 것을 알 수 있다. 붉게 물들기까지 고통과 고난의 과정이 없었다면 둥글게 영글지 않았을 것이다. 이렇듯 화자는 "달팽이, 지렁이, 굼벵이가 가끔씩은 나를 놀래키지만/그들이 있기에 내 영혼의 밭도 날로 풍성해진다"면서 농작물에 해가 될 수도 있는 벌레 등 있어 밭에서 풍성한 수확을 할 수 있다고 한다. 역설적인 시상을 전개하면서 스스로 위무하며 자신을 숙성하고 있다. 몸의 언어를 아는 자만이 느끼는 패러독스다.

    온갖 남새와 고추포대 이고
    여남재를 걸어서
    김천장 보시던 어머니

    국화빵 하나 입에 넣지 않으면
    자식 손에 학비 쥐여주고
    한 정거장 차비 아끼면
    손자 사탕 하나 사 준다며
    길바닥에서 수건 둘러쓰고
    기도하듯 웅크리고 있다

- 「김천역에 내리면」 일부

  시인은 모든 소리를 듣고 시로 빚어내듯 어머니의 한 말씀, 말씀은 시인에게는 몇백 편의 시를 쓰게 하는 시어의 저수지다. 만약, 시인에게 매일 마실 수 있는 맑디맑은 상상력의 옹달샘이 있다면, 그것은 어머님이 들려주셨던 청량한 목소리의 자음과 모음이 아닐까. 어머니는 내 바깥에 존재하기에 그리운 것이 아니라 내 안에 존재하기 때문에 더욱 그리운 것이다. 이러한 모습들은 시인의 어머니에 대한 시구에서 잘 묘사하고 있다.

  기억의 퇴적층인 어린 시절은 시인에게는 부화를 기다리는 알의 시간이다. 시인은 그 알의 기억을 깨트려 시를 부화하기 위해 폐사지처럼 갇힌 층층의 기억 속으로 들어가야 한다.

  옛적 고향의 기차역을 떠올리는 시적 화자는 「김천역에서 내리면」의 4연에서 "저리고 시린 삶 고스란히 안고/나는 괜찮다, 네가 걱정이다던" 데서 어머니의 지난했던 삶에서 사무치는 애잔함을 떠올린다. 그리고 "지나가던 바람이 그렁그렁 눈물을/소나무 가지마다 걸어두었다."고 하면서 화자는 어머니를 사시사철 늘 푸른 소나무의 이미지로 형상화해 나뭇가지에 눈물을 매달아 놓고 있다.

  또한, 「그녀」에서 "하루 밭일 이만 원 품삯 받아/이천육백 만

원 모아서 겨우/사백삼십만 원 병원비로 쓰고 간 그녀"에서 본인의 장례비까지 마련해 놓고 떠난 어머니, 발품 팔아 한 푼 두 푼 절약해 모은 돈으로 자신의 병원비에 보태신 어머니에게서 허기와 궁핍을 감싸 안고서 물질의 풍요가 아닌 빈곤 속 희생 정신에서 화자는 삶의 이정표를 발견하고 있다. 그것은 "무심코 본 거울 속에/마치 그녀가 서 있는 것 같은/또 다른 그녀,"(「그녀」)에서 거울에 비친 모습에서 화자의 또 다른 자아인 어머니를 보고 있다는 것에서 알 수 있다.

그리고 "열흘도 못 버티고 눈을 감고 마는/위안부 소녀야"(「꽃 2」), "지난봄 사월 열엿새 날의/그 기억이/자지러지게 떠오른다"(「세월호」)를 보면 화자는 여자와 어머니로서 느끼는 근대와 작금의 역사 인식에 남다른 관심을 두고 있다. 시대를 아파하지 않으면 시인이 아니라는 듯이.

  작은 게 한 마리
  찰진흙 온몸에 뒤집어쓰고
  구멍 속으로 들어간다

  산다는 것은 구멍을 내는 일
  구멍이 있어야 산다

구멍만큼이 자기 세상이다

남들에게 책잡히지 않으려고

완벽을 노력했지만

내 마음 뒤집어 보면 곳곳에 구멍투성이다

그곳으로 바람도 들어오고

햇볕도 파고들고

친구도 왔다 가고

더러는 달도 제짝인 듯 넌지시 맞춰보는

— 「구멍」 일부

    시인의 삶을 유추할 수 있는 시편들이 있다. 언행일치와 타인을 배려하는 이타적인 삶의 정신적 소유자였던 구 시인, 깊은 사유를 요구한「구멍」의 시를 보자. "산다는 것은 구멍을 내는 일/구멍만큼이나 자기 세상이다."에서는 장자의 허실생백(虛室生白)을 떠올린다. 한 줄기 따사로운 햇볕은 비운 만큼의 틈새와 공간을 비추는 법이다. 한편 돌담처럼 구멍이 있기에 태풍에도 넘어지지 않듯이. 그러한 구멍은 4연에서 "내 마음 뒤집어 보면 곳곳에 구멍투성이다/그곳으로 바람도 들어오고/햇볕도 파고들고/친구도 왔다 가고/더러는 달도 제짝인 듯 넌지시 맞춰보는" 동양화 여백에 감상자들의 상상력과 생각을 그려 넣듯 화자의 구멍투성이에는 햇볕과 친구들의 드나듦이 그려지고 있다.

이렇듯 막힘은 질식을 유발하지만 열림은 타인에게 기쁨이고 충만함이다. 수납 적 태도에서만이 구멍과 틈새와 공간이 생긴다.

화자는 갯벌의 게들이 뚫어놓은 구멍에서 삶의 의미를 되새기고 있다. 이 같은 놀라운 시적 발상은 시인의 세심한 관찰과 깊은 사유 없이는 발견할 수 없는 철학적 사고의 발현이다.

시인은 투병 중 가끔 집과 병원으로 오가면서 커다란 시련과 아픔을 겪는 시인의 절절한 심정을 다음의 시에서 볼 수 있다.

> 버스에 올라 자리에 앉는다
> 한때나마 따뜻했던 그의 가슴속 같아서
> 나름 편하게 자세를 취해본다.
>
> 멀거니 바깥 풍경을 바라보다가
> 창틀에 팔꿈치를 대고 턱을 괸다.
>
> 좀체로 울지 않을 것 같던 그이가
> 양어깨 크게 흔들리더니, 덜커덩
> 소리 내어 운다.

〈

싸늘한 뺨 같은 유리창에

주체 못 할 눈물이 마구잡이로 흘러내린다.

가장 작은 몸집으로 웅크리고 있는 내가

너에게 그렇게도 큰 상처였는지

적막만을 가득 싣고 빗속을 달리는 버스

힘겨워한다.

- 「슬픔 안에서」 전문

    시 제목에서 알 수 있듯이. 시인의 투병 생활에서 오는 정신적, 육체적인 아픈 심사를 선입견 없이도 전개되는 시상의 의미를 파악할 수 있다. 1연의 "버스에 올라 자리에 앉는다/한때나마 따뜻했던 그의 가슴속 같아서/나름 편하게 자세를 취해본다."에서 작은 가슴이 아닌 커다란 버스의 '가슴'은 다름 아닌 마음씨 넓은 남편의 은유이다. 그 이유는 남다른 남편 사랑 때문이다. 이처럼 형상화는 사유나 관념을 날것으로 진술하는 게 아니라 그 관념을 환기할 수 있는 사물을 빌리는 것이다. 그렇기에 넓고 믿음직스러운 남편의 가슴임을 알 수 있다. 화자의 솔직함과 고백적 심경의 토로이면서 사변적, 관념적 진술이 아닌 현실적 감정을 시적 언어라는 기호에 생명을 불어넣고 있다.

완쾌되지 않는 화자의 상처는 아직도 어둠이다. 그 어둠의 상처를 안은 버스가 힘겨워함에 "좀체로 울지 않을 것 같던 그이가/양어깨 크게 흔들리더니, 덜커덩/소리 내어 운다."에서 소리 내어 우는 '울음'의 청각적 심상을 드러낸다. 그러면서 "가장 작은 몸집으로 웅크리고 있는 내가 그렇게도 큰 상처였는지"라며 자신의 아픔을 다소 자조적인 비탄조로 읊으면서도 빗속을 힘겹게 달리는 남편에게 미안함과 함께 말 못 할 속내를 드러내 보인다.

달리는 버스의 유리창에 싸늘하고 차가운 눈물이 흘러내린다. 슬픈 듯, 애잔한 듯한 화자의 체온과 숨결이 느껴지는 비가(悲歌)의 곡조를 듣는 것만으로도 화자의 슬프고 가슴 아픈 심정을 읽어낼 수 있을 것 같다.

구 시인은 별다른 수식어나 상징, 지나친 설명과 묘사 없이도 체험에 바탕을 둔 보편적 정서와 소박한 삶의 원리를 통해 공감대를 이루고 있다. 화자는 목으로 하는 통곡보다 슬픈 곡조를 삼켜 붓으로 토해내면서 창작하고 있다. 슬픈 이별 한 방울 마시면서 내면 깊숙이 숨겨둔 열정의 반음계를 들려주고 있는 유고 시집 『하늘이 그러하였을까』는 시인의 혼의 분출이고 열정의 폭발이기에 훗승에서도 시인의 펜은 절대로 마르지 않고 가뭄에

타지 않을 것이다.

무라카미 하루키의 소설 〈상실의 시대〉에서는 '죽음은 삶의 대극으로서가 아니라 그 일부로 존재해 있다" 고 한다. 삶이란 죽음을 키워가는 과정인지도 모른다. 생을 완성한 자의 긴 침묵은 차라리 맑고 밝은 쓸쓸함이랄까? 지금은 고인이 된 구정혜 시인은 함께 활동했던 문우들의 가슴 속에 지금도 살아서 존재하고 있다.

2년 전 오랜 투병 생활을 끝내고 먼 길을 떠난 구 시인과는 '박수호 시창작 교실'의 15년 된 이문회우(以文會友)였고 '지음(知音)'의 시우였다. 다시금 생각 속 생각을 하며, 부디 차가운 북쪽도, 해 지는 서쪽도 없는 그곳에서는 생일날 고봉의 쌀밥 같은 '시밥'으로 시혼을 불태우기를 바랄 뿐이다.

끝으로 2010년 10월 23일 '다큐 3일''부천 석왕사 편'에서 시인이 직접 인터뷰한 내용을 영전에 바친다.

"평범한 행복을 달라고 저는 언제나 기도합니다.
평범하게만……."